AF311579

LES DEUX JULIES,

OU

LE PERE CRÉDULE,

COMÉDIE-FARCE,

EN TROIS ACTES ET EN VERS LIBRES,

IMITÉE DES BACCHIDES DE PLAUTE.

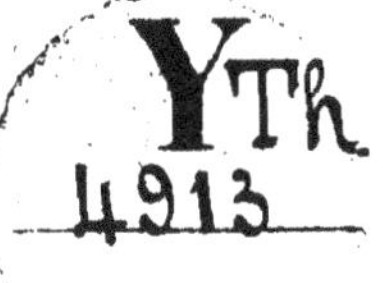
Yth
4913

NOMS DES ACTEURS.

DORAME.

JULIE l'Aînée.

JULIE la Cadette.

CHRYSALDE.

VALERE.

DAMIS.

PATAUT.

MARIN.

Un Notaire.

La Scene est chez Dorame.

LES DEUX JULIES,

OU

LE PERE CRÉDULE,

COMÉDIE-FARCE,

EN TROIS ACTES ET EN VERS LIBRES,

IMITÉE DES BACCHIDES DE PLAUTE.

ACTE PREMIER.

SCENE PREMIERE.

VALERE, MARIN.

MARIN.

Quoi! nous voici dans la maison,
Et vous délibérez encore?

VALERE.

Je fens, mon cher Marin, une agitation,
Un trouble.

MARIN.

Il vient trop tard en cette occafion,
Et tant de peur vous déshonore.

VALERE.

Abufer un pere ?

MARIN.

Eh parbleu !
L'ai-je imaginé, moi? Réfléchiffez un peu,
De Turin jufqu'ici, c'eft votre unique envie,
Votre projet ; par quelle autre manie...

VALERE.

L'action me paroît à préfent ce qu'elle eft.
De loin on projette à fon aife ;
Mais au moment d'agir...

MARIN.

Fi ! de la findérefe ?

VALERE.

Notre fable, Marin, manquera fon effet,
Elle eft mauvaife, mal tiffue.

MARIN.

Elle eft fort bonne, bien conçue,

Et j'en réponds affurément.
Voyons, fur tous les faits reportons notre vue.
Vous tombez amoureux ici fubitement.

VALERE.

Ah ! fi Julie...

MARIN.

Elle m'eft inconnue,
Point de difficulté, c'eft un objet charmant.
N'eft-ce pas là ce que vous voulez dire ?
Le voilà dit. Cet objet précieux
Qui vous caufoit un doux martyre,
Tout-à-coup, un beau jour, difparoît de ces lieux.

VALERE.

Je crus que j'en mourrois.

MARIN.

Moi, je ne le crus guere.
De ces défefpérés je connois la maniere,
En mon chemin j'en ai trouvé plus d'un
Qui croyoient leur mort néceffaire,
Et n'en ai vu mourir aucun;
Mais revenons à notre affaire.
Vous apprenez que le tuteur
Mene à Turin votre bergere,
Et remarquez votre bonheur,
A Turin même, un débiteur
Inquiete fort votre pere.

Je vous le dis, & vous voilà d'abord
 A folliciter ce voyage,
Vous l'obtenez fans faire un grand effort,
Moi, fort content, & vous gai comme un page.
 Munis de l'important billet,
 Nous détallons fur le bidet
Qui nous tient lieu de brillant équipage.
C'eft à qui de nous deux fait mieux claquer fon fouet.
 Diligence d'amant novice,
 C'eft-à-dire que nous courons
 Jour & nuit par vaux & par monts,
Au rifque de tomber dans plus d'un précipice.
 Heureufement nous arrivons.
 Nous allons, venons & cherchons,
 Mais vainement, point de Julie,
La belle, avec Chryfalde, étoit déjà partie.
Autre peur de mourir?

VALERE.

 Ne le devois-je pas?
Où ce tuteur a-t-il conduit fes pas?
D'un commerçant, la courfe vagabonde,
 Peut le conduire au bout du monde,
Où le chercher? Que deviendrai-je? hélas!

MARIN.

Pour confoler un peu votre ame,
Du billet de Monfieur Dorame

Nous

Nous touchons au moins le montant :
Vingt mille francs, argent comptant.
Le beau denier ! nous revenons ensuite
A Paris, il est vrai, moins vîte ;
Nous n'avions plus de Julie à courir.
Jusques-là je ne suis pour rien dans votre histoire.
Chemin faisant, vous poussez maint soupir,
Et le premier, car j'ai bonne mémoire,
Vous vous mettez à discourir,
Et sur l'avarice d'un pere,
Et sur le bien que laissa votre mere,
Et dont en vain vous voudriez jouir.
Pas un mot de ma part encore,
Et cependant je vous voyois venir.
Vous reparlez du feu qui vous dévore,
Comment trouver l'objet que l'on adore,
Si l'on est toujours sans argent ?
N'en faut-il pas en voyageant ?
Et puis, avec un art extrême,
Vous venez jusqu'aux pleurs, jusqu'au désespoir même.
C'est alors qu'attendri par un sort si fâcheux,
Je vous dis en tremblant, coupez la somme en deux,
Dix mille francs de plus à votre pere
Ne le rendront pas plus heureux ;
Entre vous deux, c'est un partage à faire.
Ma proposition eut le don de vous plaire.

Pour le bon homme, en arrivant ici,
Une fable étoit néceſſaire ;
J'en invente une, elle vous rit auſſi,
Pourquoi donc changer aujourd'hui ?

VALERE.

Mon pere pourra-t-il te croire ?

MARIN.

Eh ! Monſieur, c'eſt, en fait d'hiſtoire,
Le plus crédule des humains ;
La nôtre tient tant ſoit peu du grimoire.
Je le prends par ſon foible, & c'eſt vous que je crains,
Tremblant, puſillanime...

VALERE.

Ah ! Marin ! oui, ſans ceſſe
De ce que nous oſons j'entrevois la baſſeſſe ;
Je ſuis frappé d'un nouveau jour.
Pardonne-moi, ſi je balance,
Hélas ! il n'eſt donc point d'amour
Qui nous laiſſe notre innocence.

MARIN.

La peſte ! que de dignité !
Votre eſprit va juſqu'aux maximes ?
Je ſauve auſſi ma probité,
Et je vous laiſſe à vos rêves ſublimes.
S'il faut aller chercher votre amante un peu loin,

Vous pourrez, Monſieur, au beſoin,
En façon de pélerinage,
Un bourdon à la main eſſayer le voyage.

(*Il veut s'en aller.*)

VALERE.

Quoi ! me laiſſer dans l'embarras !
Arrête donc, je t'en conjure.

MARIN.

Notre projet tient-il, ou bien ne tient-il pas ?

VALERE.

Eh bien, dans cette conjonĉture,
Je m'abandonne à toi, dis ce que tu voudras ;
Je vais chercher l'ami fidele
A qui j'écrivis de Turin ;
Tu ſais pour moi quel eſt ſon zele,
Peut-être a-t-il trouvé Chryſalde en ſon chemin.

MARIN.

Certaine toux de connoiſſance
M'annonce votre pere, allons en diligence,
Sortez, la fable tient, & je vais la riſquer.

SCENE II.

MARIN.

IL ne faut pas s'alambiquer
Pour tromper ici mon vieux maître,

S ij

La dupe , à foixante-dix ans ,
Du merveilleux Marin , il donnera dedans.
Bon , c'eft lui que je vois paroître.

SCENE III.

DORAME, MARIN.

DORAME.

Quoi ! c'eft Marin ? C'eft notre raifonneur ?

MARIN.

Oui. C'eft , Monfieur , votre humble ferviteur.
Comme vous vous portez ! j'en ai l'ame ravie.

DORAME.

Et Valere ?

MARIN.

Déjà vous favez en partie
Et nos malheurs & nos fuccès.
A vos preffentimens rien n'échappe jamais ;
Ils tiennent de la prophétie.

DORAME.

Il eft vrai , qu'affez volontiers ,
Ce qui doit m'arriver , je l'entrevois d'avance.

MARIN.

Si vous l'aviez voulu , par votre prévoyance ,

Vous auriez du pays fait tous les almanachs.
Oh çà ! contez-moi notre hiftoire,
Vous en favez quelques traits, n'eft-ce pas ?

DORAME.

Oh non ! pas trop.

MARIN.

C'eft faute de mémoire.

DORAME.

Oui. Conte-moi...

MARIN.

Tout comme il vous plaira.
Il faut donc, Monfieur, vous apprendre...
Mais je crains de troubler votre ame bonne & tendre,
Car tout ceci l'affligera.

DORAME.

Comment ? A quoi dois-je m'attendre ?
Je tremble.

MARIN.

Pas un mot n'eft venu jufqu'à vous ?
Je ne reconnois plus les fâcheufes nouvelles,
De notre paix, le diable plus jaloux,
Autrefois leur prêtoit des aîles.

DORAME.

Marin, je me fouviens d'avoir rêvé d'argent.
Mon fils fera tombé malade affurément.

MARIN.

Il se porte à merveille.

DORAME.

Ah ! tu me rends la vie.

MARIN.

Oui, vous l'aimez à la folie,
Je le sais bien, comme il vous aime aussi !

DORAME.

Mon débiteur s'étoit enfui ;
Oh ! voilà le fait, je le gage.

MARIN.

Non.

DORAME.

Il aura donc fait quelque difficulté.

MARIN.

Aucune. Je voudrois... oui, qu'il m'eût emprunté
Cent mille francs, & davantage,
Ils seroient bien en sûreté,
Et je n'essuirois plus l'outrage
Qu'on fait souvent à ma fidélité.

DORAME.

Et qui veux-tu qui te soupçonne ?

MARIN.

Mon Dieu ! vous le premier, qui me trouvez souvent

L'air trop adroit, ◼mine un peu fripponne.
Moi, qui ne voudrois pas abufer un enfant.

D O R A M E.

C'eft ton air de pendard.

M A R I N.

Oh ! ne jugeons perfonne

Sur la mine, Monfieur ; car votre air de bonté
Chez des méchans, en vérité,
Paffe auffi pour de la...

D O R A M E.

Bêtife.

Je t'entends ; mais ils n'ont qu'à fe jouer à moi,
Que quelqu'un d'entr'eux s'en avife.

M A R I N.

Ils trouveront à qui parler, ma foi.

D O R A M E.

Reviens à mon billet, a-t-on payé ton maître ?

M A R I N.

En louis d'or.

D O R A M E.

Vingt mille francs.

M A R I N.

Autant.

Voilà, Monfieur, jufqu'à préfent
Votre fonge en défaut ; mais la fuite, peut-être...

S iv

DORAME.

Quelle fuite?

MARIN.

Un moment. C'eft ici que ma voix...
Et mon efprit & mon cœur à la fois...
Sont dans un trouble... inexprimable.
Vous êtes pere, & ce nom refpectable...
Ces entrailles... qui... là... je ne fais où j'en fuis.

DORAME.

Tu dis qu'on a payé mon fils.
A-t-il joué, perdu?

MARIN.

Ah! Monfieur, quelle injure!
Lui jouer? Un enfant dont je fuis le mentor!
Il feroit offenfé du doute.

DORAME.

Mais encor,
Quelle eft la fin de l'avanture?
Explique-toi.

MARIN.

Vous le voulez? Eh bien,
Plaignez-moi, mon cher maître, & ne m'imputez rien.
Nous fortions de Turin, gais, contens, fans allarmes,
Tous deux munis de bonnes armes.
Car il faut, felon vous, fe défier de tout.

DORAME.

C'eſt le plus ſûr ; mais abrége ſur-tout,
Je ſouffre le martyre, & ta longueur m'accable.
Vîte au fait.

MARIN.

Il me vint une idée admirable.
Monſieur, dis-je à Valere, il me ſemble à propos
De partager votre argent en deux lots,
Chacun ayant le ſien, pourra mieux le défendre,
Et le volume, à l'œil, ne ſera pas ſi gros.
A mon avis il daigne condeſcendre,
Les deux moitiés chargent nos deux chevaux.
Vous bénirez ma prévoyance.

DORAME.

Eh ! pourſuivez votre chemin,
Peſte ſoit du conteur & de ſon éloquence !
Que vous arrive-t-il enfin ?

MARIN.

Je crois vous entendre nous dire :
O mes enfans ! ne courez point la nuit.
Mais on ſe perd, le ſoleil fuit,
Que devenir ? Certain feu nous attire,
Nous y courons ; pauvres infortunés !
Ah ! Monſieur ! autrefois je vous riois au nez,
Quand de quelques ſabbats vous nous contiez l'hiſtoire :
Les incrédules ſont des fous,

Pardon. Je me moquois de vous;
Mais à préfent il faudra vous en croire,
Je ferai plus, car je veux recueillir
Tous vos récits que je traitois de fables,
Et que je tiens aujourd'hui véritables.
Oui, j'en veux faire un bon livre à loifir.

DORAME.

Ah ! tu crois donc enfin...

MARIN.

Et comment s'en défendre ?
A l'évidence il faut fe rendre.
Nous nous trouvons tout-à-coup enfermés
Par des lutins de figure bizarre,
Nous nous mettons en défenfe : tarare,
Nos piftolets étoient charmés.

DORAME.

Eh ! fans doute, c'eft l'ordinaire.

MARIN.

C'étoit un plaifant comité.
Nous voyons des vautours, à la cruelle ferre,
Des reptiles en quantité,
Des hupes à foifon, à l'aigrette légere,
Par qui je fus bien tourmenté.
Je gage que c'étoit l'effain de nos coquettes,
De nos fiers publicains, de nos gens à courbettes,
De nos protégés fots & plats.

DORAME.

Bon ! quel conte !

MARIN.

Monſieur, à voir comme ici-bas
Tout réuſſit à ces eſpeces,
Et comme le deſtin leur fait mille careſſes,
Tout cela ſe fait-il bien naturellement ?
J'y ſoupçonnai toujours un peu de diablerie.

DORAME.

Oh ! qu'on vienne à préſent, par quelque raillerie,
Traiter mes récits de roman.
Mais enfin, pourſuivons, qu'eſt-ce qui vous arrive ?

MARIN.

Le diable aime l'argent.

DORAME.

Non, il le fait trouver.

MARIN.

Pour le reprendre donc ? nous venons d'éprouver
Qu'il a pour ce métal une ardeur aſſez vive.
Jadis gardien de tout tréſor
Il pouvoit mépriſer notre or ;
Mais l'homme, en pénétrant dans le ſein de la terre,
Eſt venu lui ravir ſon bien :
Il lui rend vol pour vol, & je crois qu'il fait bien,
Le diable en fait autant qu'un habile homme.

On entoure mon maître, on le fouille, on lui prend,
Avec un ris très-infultant,
Tout ce qu'il porte de la fomme,
Dix mille francs, en bel argent comptant.

DORAME.

Ah! je me meurs, & toi?

MARIN.

J'étois un pauvre here,
Un domeftique, on ne me fouille point;
Mais j'avois beau me tenir en arriere,
Un lutin m'agace & me joint;
Des camouflets, des croquignoles,
Tel fut mon lot; mais le grand point,
C'eft que je fauvai mes piftoles.

DORAME.

Dix mille francs?

MARIN.

Oui, vous comptez fort bien.

DORAME.

Maudit fabbat! forciers que je détefte!

MARIN.

Notre retour pouvoit vous être plus funefte,
Nous pouvions ne rapporter rien,
Ce font dix mille francs que vous gagnez.

DORAME.

La peste !
Quel chien de gain j'aurai fait-là.

MARIN.

Ma prudence les conserva.

DORAME.

Fort bien , je te les dois sans doute.

MARIN.

Et si le débiteur que vous redoutiez fort,
Comme on vous l'avoit dit, avoit fait banqueroute ,
Adieu la somme, & vous la perdiez toute ;
Rendez graces à votre sort,
Nous aurions fait une inutile route,
Sa fuite vous auroit payé,
C'est tout gain d'en ravoir moitié.

DORAME.

Dix mille francs pour vingt? mais où sont-ils encore ?

MARIN.

Votre fils qui me suit, vous les rendra bientôt.

DORAME.

Qu'il me les remette aussi-tôt.
Adieu... dix mille francs ?... O lutins que j'abhorre !

SCENE IV.

MARIN.

Il en tient... Nos forciers ont fait merveille ici.
Oh ! j'en aurois juré ; mais lui
Ne le devient point avec l'âge.
Quelle dupe ! ma foi, ce feroit grand dommage
D'employer plus d'efprit à tromper ces gens-là.
Le plus balourd a le plus d'avantage,
Et c'eft celui qui les attrapera.

SCENE V.

DAMIS, MARIN.

DAMIS.

Marin dans ce pays ?

MARIN.

Oui, Monfieur, c'eft lui-même.

DAMIS.

Et mon ami ?

MARIN.

Vous cherche.

DAMIS.

En quels lieux ?

M A R I N.

Je ne fais.

D A M I S.

J'ai découvert l'objet qu'il aime,
La niece de Chryfalde, & mes foins empreffés,
Mes égards foutenus, ma complaifance extrême,
M'ont fait de fon oncle un ami.

M A R I N.

Oh ! la bonne nouvelle ! Où loge-t-il ?

D A M I S.

Ici.

M A R I N.

Chez Dorame ?

D A M I S.

Oui.

M A R I N.

De mieux en mieux encore.

D A M I S.

Oui, c'étoit-là le bon ; mais, Marin, il ignore
Qu'il va trouver pour fes feux
Un rival très-dangereux.

M A R I N.

Il faudra nous en défaire.

D A M I S.

Il est peut-être un peu tard,
Car on parle de Notaire.

M A R I N.

Il faut employer mon art
Pour chasser le téméraire.

D A M I S.

Mais, un dédit...

M A R I N.

Il faudra le payer.
Un rival, un dédit... Oui, j'en fais mon affaire.
Tout cela va se nettoyer.
Pauvres amans, que vous avez de peines!
Vous ne vous chargez pas de si pesantes chaînes,
Et c'est bien fait à vous. Toujours léger, frippon,
Indiscret à votre ordinaire.

D A M I S.

Ce tems n'est plus.

M A R I N.

Eh quoi! sérieusement?

D A M I S.

Non,
Je ne sers plus l'amour en simple volontaire,
Et de l'hymen j'arbore le drapeau.

MARIN.

M A R I N.

Voici ma foi du fruit nouveau.

D A M I S.

Veux-tu voir la beauté qui me tient en cervelle ?
Regarde ce portrait.

M A R I N.

Pefte ! l'œil étincelle
A travers cet épais cryftal.
Vous n'avez pas choifi trop mal ,
Et je tiens que l'on peut foupirer pour la belle.

D A M I S.

Connoîtrois-tu quelque peintre affez prompt
Pour m'en donner en deux jours la copie ?

M A R I N.

Oui , j'en fais un qui n'a pas fon fecond
Pour ces mines de fantaifie.

D A M I S.

C'eft pour mon pere.

M A R I N.

Il faut qu'il expédie ,
Donnez , deux jours lui fuffiront.

D A M I S.

Tu me fais grand plaifir.

Tome II.   T

MARIN.

Chacun a ſa manie,
La mienne fut toujours de ſervir les amans.

DAMIS.

Mon cher Marin, mille remerciemens.
Adieu, je vais tâcher de rencontrer ton maître
Au logis de certain voiſin ;
J'imagine qu'il y peut être,
Pour le joindre plutôt, je ſors par le jardin.

SCENE VI.

MARIN.

VOILA les deux amis en égale poſture,
Tous deux ſe font laiſſé charmer,
Ils pourront fredonner des duos en meſure,
Cette pauvre jeuneſſe ! elle ne ſait qu'aimer.

SCENE VII.

VALERE, MARIN.

VALERE.

J'AI vainement cherché.

MARIN.

Quel malheur eſt le vôtre !

Vous venez d'un côté, tandis qu'il fort de l'autre.
Vous ne vous joindrez point.

VALERE.

Quoi ! Damis.

MARIN.

Sortd'ici,
Mais j'entends le barbon, ferme, allons, le voici,
Songez que notre argent vous reſte,
Et que la fourbe a réuſſi.

SCENE VIII.

DORAME, LES MÊMES.

DORAME.

Malgré l'avanture funeſte
Qui me ruine, & qui t'a dû glacer,
J'accours, mon fils, pour t'embraſſer.

MARIN.

Vous voyez bien que Monſieur votre pere,
Ne vous aimant pas moins, a pris la choſe au mieux.

DORAME.

Ah ! les vilains forciers ! Valere...

MARIN.

Votre fils eut couru des risques furieux
(*bas.*)
Sans notre argent; mais, parlez-donc.

VALERE.

Mon pere...

DORAME.

Vas, ce n'est pas ta faute.

MARIN.

Eh bien, que direz-vous?
Monsieur est des humains le plus sage de tous,
C'est la justice même, un autre en sa colere
Tiendroit mille mauvais propos;
Mais son bon sens brille dans ces deux mots
Que son équité lui suggere:
Vas, ce n'est pas ta faute. Ah! quel homme de bien!
(*Il l'embrasse.*)
Mais laissons-là cet entretien,
Lui rappeller ce qu'il oublie,
De notre part ce seroit barbarie;
Je vous laisse, & m'en vais à l'office, à loisir,
Noyer aussi mon triste souvenir.

S C E N E IX.

D O R A M E , V A L E R E.

D O R A M E.

As-tu là mon argent ?

V A L E R E.

Je vais, dans un quart-d'heure,
Vous le porter, mais Damis fort d'ici,
Chez un voisin, chez un ami,
Qui tout auprès de vous demeure.
Il est allé m'attendre, & je vais me hâter :
Je reviens...

D O R A M E.

A propos, vas le féliciter.

V A L E R E.

Sur quoi donc ?

D O R A M E.

Sur son mariage
Sa femme te plaira, je gage,
Le frippon a fait un bon choix,
Elle demeure ici, c'est à lui que je dois
Et cette pupile qu'il aime,
Et son tuteur qui revient de Turin.

VALERE.

Son nom?

DORAME.

Chryfalde.

VALERE.

O ciel! ma furprife eft extrême.
Vous croyez qu'à Julie il va donner la main?

DORAME.

A Julie elle-même, & d'où fais-tu fon nom?

VALERE.

Il ne l'époufe point.

DORAME.

Il l'époufera.

VALERE.

Non,
Cela ne fe peut pas.

DORAME.

Cela fe peut, te dis-je,
Eh mais, voyez le grand prodige !

VALERE.

Oh ! vous ne favez pas... Non, mon pere, en un mot,
N'attendez pas cet hymen de fitôt.

DORAME.

Mais voyez l'entêté.

VALERE.

C'eſt vous-même qui l'êtes.

DORAME.

Je ne ſuis pas un conteur de ſornettes.

Je te dis qu'au contrat j'ai ſigné ce matin.

Il épouſe Julie, une niece aſſez belle,

Du vieux Chryſalde mon voiſin,

Il te confirmera lui-même la nouvelle,

Vas le chercher, & reviens ſur tes pas.

S C E N E X.

VALERE.

QUAI-JE entendu? Quoi! mon ami fidele...

Damis... pourroit... cela ne ſe peut pas.

Il ne reſteroit plus de vertus ici-bas.

Mais mon pere a ſigné, Damis aime Julie.

O déſeſpoir ! ô poiſon de ma vie !

Eh! que ne peuvent point, ingrate, vos appas ?

Si, pour vous, je trompois mon pere,

S'ils ont dompté mon devoir, mes remords,

Ne ſeront-ils pas auſſi forts

Avec Damis, qu'avec Valere ?

S'ils m'ont fait devenir un fourbe, un criminel,

Damis peut m'imiter... O deſtin trop cruel !

Que ferai-je? Marin,.....

SCENE IX.

VALERE, MARIN.

MARIN.

J'y vais.

VALERE.

Marin...

MARIN.

Encore.

VALERE.

Viendras-tu, malheureux.

MARIN.

Eh bien, que voulez-vous ?
M'interrompre, au moment si doux
Où j'appaisois la soif qui me dévore !

VALERE.

Yvrogne !

MARIN.

Suis-je amoureux, moi ?
Je bois, vous soupirez, chacun ici pour soi ;
Mais quel trouble, Monsieur ! vous quittez votre pere,
Que vous a-t-il appris ?

VALERE.

Le plus affreux myftere,
La plus cruelle trahifon.

MARIN.

Diable !

VALERE.

Julie eft dans cette maifon.

MARIN.

Je le fais. Ce n'eft pas ce qui vous défefpere ?

VALERE.

Damis l'époufe.

MARIN.

Bon !

VALERE.

Mon pere en eft certain,
Mon malheur fe comble demain.

MARIN.

Entendons-nous, de grace, auroit-il, à moi-même,
Confié le portrait de la beauté qu'il aime ?

VALERE.

Tu l'as vu ?

MARIN.

De mes yeux.

VALERE.

Oh ! peins-moi tous fes traits,

MARIN.

Fort jeune.

VALERE.

Enfuite ?

MARIN.

Un peu brunette.

VALERE.

Après.

MARIN.

De grands yeux...

VALERE.

Raviffans.

MARIN.

Un nez...

VALERE.

Oh ! fait à peindre.

MARIN.

Une bouche...

VALERE.

Que Flore a pris plaifir de teindre
De fon carmin le plus brillant.

MARIN.

Un fourire...

VALERE.

D'Hébé, le portrait eft parlant.
C'eft elle, je le vois...

MARIN.

Vous la peignez vous-même,
Cela doit reſſembler ; dans ce portrait, Monſieur,
Je ſuis au plus, pour l'âge & la couleur.
Mais je puis faire mieux, voici le portrait même.

VALERE.

Eh donne donc. Que vois-je ? ah ! je ſuis mort.

MARIN.

Pourquoi ce violent tranſport ?

VALERE.

Eh quoi ! tu n'as pas lu ?

MARIN.

Que falloit-il donc lire ?

VALERE.

Portrait de Julie.

MARIN.

En effet,
Bien moulé, bien doré, je ne ſais plus que dire,
Vous ne voulez plus voir ? vous êtes ſatisfait.

VALERE, (*ouvrant la boîte.*)

Ingrat ami... Je vous trouvois, Julie,
Un air plus doux & plus modeſte, hélas !
Votre cruelle perfidie
Altere & change vos appas.

MARIN.

Finiſſez donc, Monſieur, vous me touchez aux larmes ;
Je me ſens tout ému quand on parle aux abſens.

VALERE.

Cruel Damis, qui cauſez mes allarmes,
Ah ! redoutez le courroux que je ſens,
Malheureux ! j'ai trompé mon pere,
Je me ſuis oublié ſans fruit.

MARIN.

Eh, Monſieur.

VALERE.

Laiſſe-moi, c'eſt toi qui m'as ſéduit.
Vas, redoute auſſi ma colere :
Sans toi, ſans tes conſeils, j'en aurois cru l'honneur,
Et je rendois la ſomme entiere.
Fuis loin de moi, lâche impoſteur,

(*Marin ſort.*)

Dans mon infortune extrême,
Ce qui déchire mon cœur,
C'eſt de rougir de moi-même.

Fin du premier Acte.

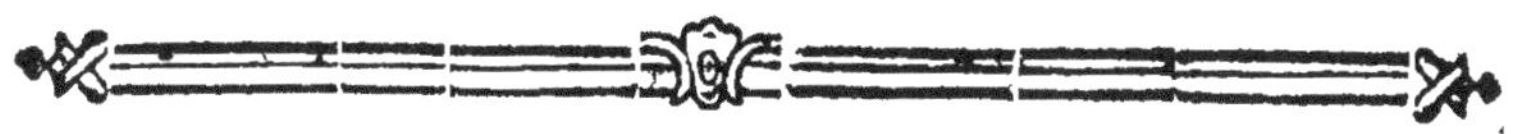

ACTE SECOND.

SCENE PREMIERE.

MARIN.

O siecle fait pour le mépris !
C'est le meilleur de nos amis
Qui nous joue un tour détestable.
Me remettre, à moi, ce portrait,
Est une chose inexplicable...
Attendez... il vouloit nous instruire du fait...
Il n'a trouvé que ce moyen, peut-être...
Mais, quoi ! loger Chrysalde & sa pupile ici !
Comment peut-on interpréter ceci ?

SCENE II.

DAMIS, MARIN.

DAMIS.

Je ne verrai donc point ton maître ?
Que fait-il ? où va-t-il ? Quand est-ce qu'il viendra
M'embrasser ? je suis gros d'avoir ce plaisir là.

MARIN.

(*bas.*)

Vous, Monsieur? Oh! le fourbe! Il vous cherche, je gage.

DAMIS.

On ne néglige pas ainsi ses vrais amis.

MARIN.

Ses vrais amis? Ma foi, je crois, Monsieur Damis,
Qu'il ne sent point assez un si rare avantage,
Et que s'il croit aux amis à présent,
C'est, à vrai dire, foiblement.

DAMIS.

A-t-il été trahi? Je sais qu'il est sensible.

MARIN.

Croyez-vous la chose impossible?

DAMIS.

Non, Marin, il n'en est que trop de notre tems
Qui, de ce nom sacré, font un abus horrible,
Fourbes adroits, dont l'intérêt sordide
Regle & conduit les mouvemens.

MARIN.

Comme vous les peignez? Oh! c'est d'après nature.
Mais à la fin, leur imposture
Est démasquée, on la fait, on les hait;
Et plut au ciel que ce fut déjà fait
De l'ingrat qui trahit mon maître!

DAMIS.

Le connois-je ?

MARIN.

Oh ! cela doit être.

DAMIS.

Notre fiecle m'étonne, éclairé comme il l'eft
De fes devoirs, par fon propre intérêt,
Il renverfe toute morale,
Et le crime paroît borné
A l'épouvantable fcandale
Du fcélérat, par les loix condamné.

MARIN.

Oh oui, le refte eft gaité pure,
Trahifon, noirceur, impofture,
Ingratitude, *& cœtera.*
C'eft gentilleffe que cela.

DAMIS.

Et quel eft cet ingrat ?

MARIN.

La queftion m'étonne.

DAMIS.

Il faut me le nommer.

MARIN.

Il eft de vos amis.

D A M I S.

Il n'en eſt point.

M A R I N.

　　　　Il n'eſt perſonne
Qui ſoit pour vous d'un ſi haut prix,
Et vous l'épargnerez, je gage.

D A M I S.

Nomme-le moi, te dis-je.

M A R I N.

　　　　Eh bien, c'eſt...

D A M I S.

　　　　　　　Qui?

M A R I N.

　　　　　　　Vous.

D A M I S.

　　　　　　　Moi?

M A R I N.

Oui, pourquoi feindre davantage?
Mon maître a vu ſon pere, & le portrait auſſi,
Par qui le fait eſt éclairci.
Ah! Monſieur, c'eſt Julie, à votre ami ſi chere...

D A M I S.

C'eſt moi que ſoupçonne Valere?
Qu'il accuſe de trahiſon?

　　　　　　　MARIN.

M A R I N.

Oh ! ceci paſſe le ſoupçon,
La perfidie eſt aſſez claire.

D A M I S.

Inſolent ! veux-tu bien te taire,
Valere eſt furieux.

M A R I N.

Qui ne le ſeroit point ?

D A M I S.

Il faut donc t'éclaircir ce point.
Julie, amante de ton maître,
A depuis quelques jours avec elle une ſœur
Du même nom.

M A R I N.

Cela pourroit-il être ?

D A M I S.

Oui, Marin, toute ma noirceur
Eſt de m'unir à cette ſœur cadette ;
On l'appelloit Julie, & comme l'on projette
De me la donner promptement,
On l'appelle encore de même.
Juge à préſent.

M A R I N.

Ma ſurpriſe eſt extrême.

DAMIS.

On ne foupçonne pas quelqu'un légérement
  Quand on l'eftime autant qu'on l'aime ;
Les voici toutes deux, & tu pourras les voir.

SCENE III.

LES MÊMES, JULIE aînée, **JULIE** cadette.

JULIE aînée.

Y penfez-vous, Julie.

JULIE cadette.

  Oh ! très-bien, je vous jure.
Pourquoi donc ignorer ce qu'on voudroit favoir ?
Demander quelque chofe, eft-ce faire une injure ?
Julie, en vérité, j'ai peine à concevoir...

JULIE aînée.

Encor un coup, ma fœur, je t'en conjure.

JULIE cadette.

Non. Damis, retenez ma fœur,
 Ne fouffrez pas qu'une timide enfance
  L'empêche d'éclairer fon cœur
Sur un fait qui, pour elle, eft affez d'importance.

DAMIS, (*à Julie aînée.*)

Tout ce que votre fœur m'ordonne eft une loi.

Je ne fais qu'obéir, Julie, excufez-moi
    D'ofer vous faire violence.
Vous refterez.

JULIE cadette.

        C'eft fort bien fait, Damis,
    Je crois qu'il n'eft jamais permis
    De rougir d'un amour honnéte.
Que craignez-vous, ma fœur? qu'eft-ce qui vous arrête?

JULIE aînée.

    Ce monde où vous entrez, ma fœur,
Exige des égards, il veut...

JULIE, cadette.

        Que l'on foit franche
    Qu'on agiffe d'après fon cœur ;
    Tout eft d'accord avec l'honneur,
    Lorfque c'eft l'ame qui s'épanche.
    Damis me plut, j'approuvai fon amour,
    Je l'ai dit fans aucun détour,
A vous, à mon tuteur, & fur-tout à lui-même,
Et devant mille gens je le dirois de même.

DAMIS.

Ah ! vous me tranfportez.

JULIE cadette.

        Revenons à ma fœur,

V ij

Expliquez-nous fi c'eft Valere
Qu'elle a cru voir en ce logis.

MARIN.

C'eft lui-même, & je fuis fon valet très-fidele.
A Turin, par l'amour conduits,
Le même amour en ce lieu nous rappelle,
Vous le verrez bientôt à vos genoux.

SCENE IV.

LES MÊMES, VALERE.

VALERE.

O ciel ! le perfide avec elle !
(*Il met l'épée à la main.*)
Je ne faurois en douter, vengeons-nous.

MARIN.

Ah ! mon maître ! qu'allez-vous faire !
Calmez-vous, refpectez Damis,
C'eft le modele des amis ;
Deux fœurs du même nom , voilà toute l'affaire.

VALERE.

Qu'entends-je? Quoi! mes feux ne feroient point trahis ?

DAMIS.

D'un tel foupçon mon amitié s'offenfe ;
Mais l'amour eft aveugle, il faut lui pardonner.

JULIE cadette.

Quel eſt donc ce tragique?

MARIN.

Une fauſſe apparence,
L'erreur des noms lui faiſoit ſoupçonner...

JULIE cadette.

Ah! j'entends, il alloit enſanglanter la ſcene.
(*à Valere.*)
C'eſt un peu moi qui cauſois votre peine,
A préſent que le calme a repris le deſſus,
Permettez-moi d'en rire.

VALERE.

Oh! que je ſuis confus,
Julie! ah! je craignois de vous avoir perdue,
Et tout entier à ma fureur,
J'offenſois un ami, je bleſſois votre cœur...
Je vous revois, & vous m'êtes rendue...
Par le courroux que j'avois à l'inſtant,
Concevez le plaiſir dont mon ame eſt émue,
Et le tranſport que j'éprouve à préſent;
Ainſi que ma douleur, mon yvreſſe eſt extrême,
Pardon, Julie, & vous Damis que j'aime;
Pardon cent fois.

DAMIS.

Va, tout eſt oublié,

Ce pardon que tu veux, & que mon cœur te jure,
　　Eſt le bonheur de l'amitié.

JULIE cadette.

Laiſſons-là, s'il vous plaît, cette belle avanture,
　　Occupons-nous d'objets plus ſérieux.
(*à Valere.*)
Vous, qui tuez les gens, d'un rival odieux
　　Voyez comment vous pourrez défaire.

MARIN.

　Quant à ceci, c'eſt mon affaire.
　Un rival à congédier,
Premier article, un dédit à payer,
C'eſt le ſecond...

JULIE cadette.

　　　　On vous aime, Valere.

JULIE aînée.

Ma ſœur...

JULIE cadette.

Le mot eſt dit.

MARIN.

　　　　Il étoit néceſſaire,
Tout ira bien avec le tems.

VALERE.

Ah ! ne m'enviez pas cet eſpoir de vous plaire.

JULIE aînée.

Votre rival... eſt attendu céans ,
Et mon tuteur a parlé de Notaire.

JULIE cadette.

Le ton en dit aſſez , & je crois que ce mot
N'a pas beſoin de commentaire.

MARIN.

Quel eſt ce rival ?

JULIE cadette.

Un ſot,
Un homme dont le nom annonce la baſſeſſe ,
Car il en eſt de cette eſpece ;
Pour abréger , Monſieur Pataut...

MARIN.

Que dites-vous ? Oh ! la bonne avanture !
Un uſurier , une plate figure ,
Un ricaneur.

JULIE cadette.

Juſtement, le voilà.

DAMIS.

D'où connois-tu cet original-là ?

MARIN.

Monſieur Pataut & moi, nous avons eu caſtille.

Je fus fa dupe, il le paira,
J'ai fervi quelque tems des enfans de famille,
Cela m'a mis en commerce avec lui.
Je fuis piqué, je me charge de lui.

VALERE.

Mais, Chryfalde a-t-il pu...

JULIE cadette.

Ma fœur, toujours muette?
Rien ne peut donc vous forcer à parler?
Oh! je ne fuis pas fi difcrete.

JULIE aînée.

Eft-il décent qu'on aille révéler...

JULIE cadette.

Tout ce qu'on fait à l'objet que l'on aime.
Vous n'ofez pas le raconter vous-même,
Eh bien, je vous remplace. Or, écoutez; ma fœur
Plut un peu trop à fon tuteur,
Qui de l'aimer fit la folie;
Et qui vint un jour à Julie
Avec fa main offrir fon cœur.
Figurez-vous le bon fexagénaire
Minaudant, lorgnant, convoitant,
Et déplaifant toujours, en s'efforçant de plaire;
On ne l'écouta point, j'en aurois fait autant.
Mais je n'aurai qu'un regret dans ma vie,

C'eft de n'avoir pas eu l'aubaine de ma fœur,
Qui le remercia d'une façon polie,
  Sans lui rire au nez, fans humeur,
  Sans la moindre plaifanterie;
 Quoiqu'il en foit, de ce refus trop doux
 Il s'offença, le vieillard en courroux,
  Chercha par-tout, pour fa pupile,
 Quelque mari qui le fit regretter;
  La chofe n'étoit pas facile,
  L'ufurier vient fe préfenter,
 Monfieur Pataut, on lui promet Julie,
  Et notre oncle avec lui fe lie,
 Par un dédit de deux fois mille écus.

M A R I N.

Bagatelle. Eft-ce tout?

J U L I E aînée.

   Il faut dire, au furplus,
Que Chryfalde rougit de ce qu'il a pu faire,
  Qu'il voudroit bien rompre l'affaire,
Et que le feul dédit...

M A R I N.

   Allez; nous fommes forts.

V A L E R E, (*bas.*)

Étourdi que je fuis !

M A R I N.

  Rentrez, Mefdemoifelles,

Je vais pour vous servir faire tous mes efforts,
Et vous aurez de mes nouvelles.

JULIE, cadette.

Tu me parais un homme à bien berner un sot,
Et je te recommande ici Monsieur Pataut.
Adieu, Damis ; adieu, Valere ;
Adieu, mon garçon.

MARIN.

Serviteur.

SCENE V.

DAMIS, VALERE, MARIN.

MARIN.

C'EST donc à moi qu'est réservé l'honneur
De faire voguer la galere.
Pour rêver aux moyens de la conduire au port,
Il faut faire un tour à l'office,
C'est là que s'échauffe à mon gré
Le feu de ma verve inventrice ;
Car je suis sans esprit quand je suis altéré.

VALERE.

Mon cher Marin, je t'en supplie
Imagine ici...

MARIN, (*rêve.*)

Doucement.
Oui... j'y fuis... non... pardonnez-moi vraiment,
Monfieur Pataut, je vous fouffle Julie.

DAMIS.

Par quel moyen?

MARIN.

Il eft affez plaifant.
Je ne fais trop s'il eft bien mon ouvrage,
Et j'y foupçonne un peu de rabillage.

DAMIS.

Eh qu'importe?

MARIN.

Il eft vrai, vous me preffez fi fort...

DAMIS.

Voyons, que feras-tu ?

MARIN.

Pour mon compte d'abord,
Gardant une vieille rancune
A ce fot qui nous importune,
Je veux le rendre encor plus fâcheux au tuteur.
Monfieur Damis, allez l'inftruire
Que Pataut, tout-à-coup & fans avant-coureur,
Eft devenu plus fourd qu'on ne fauroit le dire ;

Mais que le pis, c'eſt qu'il entre en fureur,
S'il croit qu'on s'apperçoit un peu de ſon malheur.

VALERE.

Mais à quoi bon...

MARIN.

C'eſt mon affaire,
Il faut d'abord gagner du tems.

DAMIS.

Mais je ne conçois rien à ce qu'il prétend faire,
Et je n'y trouve pas un ombre de bon ſens.

MARIN.

Point de retard, le tems nous preſſe.

VALERE.

Mon cher Damis, il lui faut obéir.

DAMIS.

Tu le veux?

MARIN.

Il le faut.

DAMIS.

J'acquieſce,
Je ne réſiſte point quand il faut te ſervir.

SCENE VI.

VALERE, MARIN.

MARIN.

A vous, Monsieur, donnez-moi sur la somme
Ce qu'il me faut pour payer le dédit,
De l'argent.

VALERE.

De l'argent?

MARIN.

Vous êtes interdit,
Dépéchez-vous, tant de lenteur m'assomme.
Deux mille écus en ce moment,
Nous sommes trop heureux d'être en argent comptant.
Eh bien, essayez-vous de me mettre en colere?

VALERE.

Ah! malheureux... ah! mon pauvre Marin!

MARIN.

Hem! plait-il.

VALERE.

Hélas! ce matin
J'ai rendu le tout à mon pere...

MARIN.

Dix mille francs.

VALERE.

Non, les vingt mille francs.
Dans le chagrin affreux de mon ame faisie,
Croyant avoir perdu Julie,
Et tourmenté de mes remords preſſans,
J'ai cru devoir rendre la fomme entiere.

MARIN.

Mon congé, s'il vous plaît.

VALERE.

Je foulageois mon cœur,
En le faifant jouir de fa vertu premiere.

MARIN.

Mon congé, vous dis-je, Monfieur.

VALERE.

Eh ! pouvois-je prévoir...

MARIN.

Je n'ai plus rien à dire,
Non, pas un mot, & me voilà muet.

VALERE.

Mon cher Marin, ta rigueur me déchire,
Tu ne faurois blâmer ce que j'ai fait.

MARIN.

Voilà qui me rend la parole,
Je ne ſaurois blâmer une action ſi folle !
Qui détruit mes projets, nous ruine tous deux,
Et me fera paſſer, aux yeux de votre pere,
    Pour le plus fourbe de la terre?

VALERE.

    Oh ! ne crains rien à cet égard,
    Je t'ai ſauvé de ſa colere,
Je l'ai perſuadé que c'étoit, de ma part,
    Un moyen, une ruſe, un art
    De le guérir de ſa folie
Pour les lutins & la ſorcellerie.

MARIN.

    Paſſe encor. Le tour eſt fort bon,
Et je pourrai m'offrir aux regards du barbon;
    Car il faudra que je puiſe en ſa bourſe,
    Elle devient notre unique reſſource.

VALERE.

C'eſt ſon conſentement qu'il faudroit obtenir.
Peins-lui mon déſeſpoir, mon amour & mes larmes.

MARIN.

Des pleurs? Oh ! par ma foi, voilà de belles armes.
    Allez, allez, je vous ſervirai mieux;
Je vois votre rival, çà, laiſſez-nous tous deux,
    Retirez-vous, & laiſſez faire.

SCENE VII.

PATAUT, MARIN.

MARIN, *(à part.)*

Me voici dans mon élément,
Berner un sot est mon affaire.

PATAUT, *(à part.)*

Venir se marier, çà me paroît plaisant,
Me voilà donc chez la future,
Et déjà... mais quelle figure !

MARIN.

Quoi ! c'est Monsieur Pataut !

PATAUT.

(Il rit.)
C'est Marin, ah ! bonjour.

MARIN.

Oui, riez fort, chacun pourra rire à son tour.

PATAUT.

Et de quoi donc?

MARIN.

Je sais de vos nouvelles.

PATAUT.

PATAUT.

Bon, tu badines, que fais-tu ?

MARIN.

Certain hymen prefque conclu...
Ah ! vous aimez encor les belles !

PATAUT.

Oui, mon ami, comme un perdu. (*Il rit.*)

MARIN.

Mais, Madame Pataut, de défunte mémoire,
Vous en avoit dégoûté, difiez-vous.

PATAUT.

Elle m'en fit beaucoup accroire ;
Mais fes bons tours, je les fais tous,
J'y verrai mieux, n'eft-ce pas ?

MARIN.

La commere
En peu de tems vous en apprit beaucoup.

PATAUT.

C'étoit un diable, une mégere,
Mais, c'eft différent, pour le coup :
Julie eft fage, douce & neuve.

MARIN.

Je voudrois que déjà vous en fiffiez l'épreuve.

Oh ! je fuis enchanté de pouvoir me venger
D'un certain tour qu'autrefois vous me fîtes,
Mariez-vous, pour en juger,
Et puis vous m'en direz les fuites.

PATAUT.

Tu gardes donc de la rancune, toi ?
Fi, c'eft vilain, tiens, quant à moi,
J'aurois rembourfé cent injures,
Reçu trente foufflets, autant de coups de pied ;
Je fuis toujours de fi bonne amitié,
Que lorfque j'ai dormi, les chofes les plus dures
S'effacent de ma tête, & tout eft oublié. (*Il rit.*)

MARIN.

Vertu d'état, pour moi j'ai fouvenance
Que fur deux ufuriers jadis
Je vous ai fait donner la préférence ;
Que je devois recevoir dix louis,
Et que l'affaire terminée,
Vous me donnâtes le bon foir. (*Pataut rit.*)
Riez, moi je vous tiens, faites votre hymenée.
Mariez-vous dès aujourd'hui, pour voir.

PATAUT.

Ce confeil-là n'eft pas de quelqu'un en colere. (*Il rit.*)

MARIN.

Mariez-vous, vous dis-je, à tout autre, à coup sûr,
Sur ce mariage futur
Je donnerois quelque lumiere ;
Mais ma vengeance est de vous laisser faire.

PATAUT.

Eh quoi ! ferois-je encor une mauvaise affaire ? (*bas.*)
Ce bénêt-là croit qu'il ne m'apprend rien ;
Mais je suis fin, & j'entends bien
Qu'il est ici quelque mystere.
Feignons pourtant de ne rien soupçonner
Pour en apprendre davantage.
(*haut.*) Je le maintiens, Julie est sage.

MARIN.

Vous voulez me questionner,
Mais je vous vois venir.

PATAUT.

Tu ne sais rien, je gage.

MARIN.

Eh non, je ne sers pas un jeune homme charmant.

PATAUT.

Qui se sera vanté comme un fat de son âge.

MARIN.

Julie & son tuteur viennent tout récemment
De Turin.

PATAUT.

D'accord.

MARIN.

Nous de même,
Et de plus, nous logeons ici ,
Près de Julie, en cette maison même.
Où nous nous verrons Dieu-merci.

PATAUT.

Oh ! j'ai besoin d'une preuve plus claire,
Ce que tu me dis-là, le hasard peut le faire.

MARIN.

Vous me piquez au jeu , regardez ce portrait,
Lisez , de grace.

PATAUT.

Oui , *portrait de Julie.*
Je comprends, à ce dernier trait,
Que je vais faire une folie.

MARIN.

Quoi ! vous ne riez plus.

PATAUT.

Je n'en ai pas ſujet.

MARIN.

Oh ! vous irez toujours en avant, je parie.

PATAUT.

Un malheureux dédit me lie.
Payer ſix mille francs, comment faire, Marin ?

MARIN.

Épouſez, vous dit-on, c'eſt le plus court chemin.
De tous les revers du ménage
Vous avez fait un long apprentiſſage,
Tout cela doit vous coûter peu.
Vous croirez être encor à votre premier nœud.

PATAUT.

La peſte ſoit de ton préſage !

MARIN.

Si vous vouliez des dix anciens louis
Vous acquitter, peut-être qu'à ce prix...

PATAUT.

Les voilà, mets tout en uſage
Pour me tirer de ce funeſte pas.

MARIN.

Allons, je m'en fais fort, vous n'épouſerez pas...

PATAUT.

Fort bien, & le dédit.

MARIN.

Vous en aurez quittance,
Je veux même, pour vous, en exiger le quart.

PATAUT.

Dix louis encor pour ta part,
Si tu me fais obtenir cette chance.   (*Il rit.*)

MARIN.

Marché fait. Allez donc vous offrir au tuteur,
Dites que vous venez faire le mariage.

PATAUT.

S'il y confent,

MARIN.

N'ayez pas peur.
Mais à propos, favez-vous fon malheur ?
Il a payé bien cher le tribut de fon âge.

PATAUT.

Comment donc ?

MARIN.

Il eft fourd, mais d'une furdité
A ne pouvoir plus rien entendre.
Et voyez ce que c'eft, il a la vanité

De n'en pas convenir. Pour lui faire comprendre
Que vous venez remplir votre traité,
Il faudra crier haut ; mais n'allez pas le plaindre
Sur sa nouvelle infirmité,
Vous le verriez tout-à-coup irrité,
Et vous en auriez tout à craindre.

PATAUT.

Ah ! c'est drôle, Marin.   (*Il rit.*)

MARIN.

On a vu des Docteurs,
Des Charlatans, c'est toujours même chose.
Je crois beaucoup mieux qu'eux en deviner la cause.
Le bon-homme a chez lui deux sœurs,
On devient sourd à moins.

PATAUT.

Ah ! le voilà, je tremble.

MARIN.

Je vous quitte, il faut l'arrêter.

PATAUT.

Allons, nous n'aurons pas de longs propos ensemble.

MARIN, (*bas.*)

Et moi, je vais tout écouter.

X iv

SCENE VIII.

CHRYSALDE, PATAUT.

(Parlant tous deux fort haut.)

PATAUT.

Bonjour, Monsieur.

CHRYSALDE.

Monsieur, je vous salue.

PATAUT.

Il crie, en effet, comme un sourd.
Notre nôce à demain.

CHRYSALDE.

Oh ! le terme est trop court.
On doit m'entendre de la rue.
La peste soit du sourd !

PATAUT.

Avez-vous entendu ?

CHRYSALDE.

Morbleu ! que trop.

PATAUT.

Sa vanité s'éveille,

Pauvre homme ! il fe bouche l'oreille.
Vous ne m'avez pas répondu.

CHRYSALDE.

Eh ! je ne fuis pas fourd ; un ton plus bas, de grace.

PATAUT.

Oh ! la plaifanterie eft bonne, fur ma foi,
Il n'eft pas fourd, vous verrez que c'eft moi.

CHRYSALDE.

Par fois fon regard me menace,
Et je redoute fon courroux.

PATAUT.

Me voilà pour être l'époux
De votre niece, & je ne puis attendre.
Le dédit ou la femme ! eh bien, entendez-vous ?

CHRYSALDE.

Oh ! j'en deviendrai fourd. Ce que je puis comprendre,
C'eft que je fuis le roi des fous,
De vous avoir promis Julie.

PATAUT.

Ma foi ! je n'y faurois tenir ;
Et je vais quitter la partie,
De nos faits, par écrit, nous pourrons convenir.

CHRYSALDE.

C'eft avouer fon mal que d'ouvrir cette voie,
D'accord, j'y confens avec joie.

PATAUT.

Je ne l'ai point fâché, comme j'en avois peur,
Il n'eſt pas ſi méchant, adieu notre tuteur.

CHRYSALDE.

Juſqu'au revoir, oh! l'homme inſupportable!

PATAUT.

La peſte ſoit du criailleur.　　(*Il ſort.*)

SCENE IX.

CHRYSALDE, MARIN.

MARIN.

Dans cette ſalle on fait un bruit du diable.

CHRYSALDE.

Et de quel droit ?...

MARIN.

Monſieur, je demeure céans,
Je ſers Monſieur Dorame & ſon fils.

CHRYSALDE.

Je comprends.
Eh bien, ce bruit qui vous étonne,
Venoit d'un ſourd, qui penſe que perſonne
Ne doit entendre mieux que lui.
Ma tête étoit prête à ſe fendre,

Et cependant j'étois contraint aussi
De crier pour me faire entendre.

MARIN.

Vous avez fait un beau charivari.

CHRYSALDE.

Oh ! je suis furieux. Dites-moi, mon ami,
Ce défaut affreux qui m'assomme,
Cette nouvelle surdité
Ne romp-t-elle pas un traité
Qu'on auroit fait avec un pareil homme ?

MARIN.

Quel traité?

CHRYSALDE.

Par exemple, une convention,
Un dédit, s'il n'a pas ma niece.

MARIN.

Cet homme-là n'entendra pas raison.

CHRYSALDE.

Ah ! si cet accident annulloit ma promesse...

MARIN.

Il vous dira que la loi du pays
Ordonne que les bons maris,
Pour l'entretien de la paix des ménages,
Soient muets, aveugles & sourds,

Et qu'il possede un des trois avantages :
Quelle réponse à ce discours ?

CHRYSALDE.

Immoler ma Julie ! ou bien à ce sot homme
Payer comptant deux mille écus.

MARIN.

Vous voudriez sauver la somme ;
Laissez-moi rêver là-dessus.
Justement, il faudroit qu'un amant de la niece,
Bien riche, & fort épris, se chargeât du dédit,
Et vous retireriez ainsi votre promesse.

CHRYSALDE.

Oui, mon garçon, c'est fort bien dit,
Mais où le rencontrer ?

MARIN.

Dans cette maison même,
Si, dans votre embarras extrême,
Monsieur Dorame pour son fils,
Venoit vous demander Julie,
Et qu'il payât le dédit, à ce prix,
De la lui refuser, feriez-vous la folie ?

CHRYSALDE.

Non, vraiment, si j'en crois Damis,
Le fils du voisin est aimable.

MARIN.

Eh bien, la chose est très-faisable,
/ Ce fils charmant sera votre neveu ;
Allez vous préparer à voir Monsieur Dorame,
Je vous promets sa visite dans peu.

CHRYSALDE.

Ce doux espoir flatte mon ame,
Agis, je ne suis point un ingrat, Dieu-merci.

SCENE X.

MARIN.

ME voilà donc, comme on dit, dans la crise ;
J'ai promis beaucoup, & voici
Le plus cruel de l'entreprise.
Porter Monsieur Dorame à marier son fils,
A lui rendre ses biens acquis,
Article délicat ; mais le plus difficile,
C'est de tirer de l'argent du vieillard ;
Sur les six mille francs, il en revient un quart
A notre Pataut l'imbécile,
Un autre quart pour moi, voilà bien mille écus ;
Oui, bornons-nous à cette somme,
Et ne pensons point au surplus,
C'est bien assez pour le bon-homme.

Allons, Marin, point de fouci,
Qu'à jamais des rufes nouvelles
Illuftrent tes talens ici,
Et fois digne enfin aujourd'hui,
Des *Mafcarilles*, tes modeles.

Fin du fecond Acte.

ACTE TROISIEME.

SCENE PREMIERE.

JULIE cadette, MARIN.

JULIE cadette.

Je te guettois...

MARIN.

Et par quelle raiſon?

JULIE cadette.

Tout a changé dans la maiſon,
Ton uſurier n'eſt plus ce qui nous y chagrine.

MARIN.

Je l'eſpere du moins, il doit être odieux.

JULIE cadette.

D'où le ſais-tu?

MARIN.

Je le devine,
Ne dit-on pas qu'il eſt ſourd?

JULIE cadette.

Juſtement.

MARIN.

Eh bien, Monſieur Pataut vous en diroit autant
Du bon tuteur.

JULIE cadette.

Je ne puis te comprendre.

MARIN.

Tout cela part d'ici.

JULIE cadette.

Le trait eſt ſingulier.
Oh! le plaiſant garçon.

MARIN.

Il falloit les entendre,
C'étoit un vacarme excellent.

JULIE cadette.

Je le crois, j'avois à t'apprendre
Que ce ſoir notre oncle prétend,
Accorder la triſte Julie
A quelqu'un qui viendra lui demander ſa main;
Il faut changer de batterie,
Puiſqu'un autre rival...

MARIN.

Oh non, j'irai mon train,
Le rival de mon maître eſt mon maître lui-même.

JULIE cadette.

JULIE cadette.

O ciel ! ma surprise est extrême.
Marin espere donc...

MARIN

Tout.

JULIE cadette.

Oui, c'est mon avis,
Tu tromperas qui tu voudras.

MARIN.

L'affaire
Tire à sa fin ; il est vrai que j'en suis
Au nœud le moins facile à faire.
N'importe.

JULIE cadette.

Oh ! je compte sur toi,
Et je vais rassurer ma sœur qui se défole.(*Elle sort.*)

MARIN.

Point de foiblesse, point d'effroi ;
Valere est son époux, elle en a ma parole.

SCENE II.

VALERE, MARIN,
DORAME, (*derriere la scene.*)

VALERE.

Eh bien, Marin, à quel point en es-tu ?
Que dit mon pere, l'as-tu vu ?

MARIN.

Je vais le voir à l'inftant même.

VALERE.

Tout-à-l'heure j'étois d'une trifteffe extrême,
Je crois qu'il s'en eft apperçu.

MARIN.

Tant mieux.

DORAME, (*derriere la toile.*)
Valere.

VALERE.

Oh ! c'eft lui qui m'appelle.

MARIN.

Sortez vîte, Monfieur, je fuis en fentinelle ;
Il vient fans doute fur vos pas,

Sortez, vous dis-je, il ne faut pas
Que le vieillard nous trouve enfemble.

SCENE III.

DORAME, MARIN.

DORAME.

N'AS-TU pas vu paſſer mon fils ?

MARIN.

Fort trifte , fort chagrin.

DORAME.

Oui, c'eſt ce qu'il me femble.
Que diantre a-t-il ? En ce pays
Les jeunes gens font plus gais d'ordinaire,

MARIN.

Je n'en fais rien.

DORAME.

Toi, le dépoſitaire
De fes fecrets, fon premier confident ;
Toi, qui m'as raconté la ridicule hiftoire...

MARIN.

Monfieur, il vous a dit...

Y ij

DORAME.

Oui, si je veux l'en croire,
Lui-même avoit forgé ce récit impudent.

MARIN.

Aurois-je, sans cela, pu vous en faire accroire?

DORAME.

Reviens-y.

MARIN.

(*bas.*) Tout-à-l'heure.

DORAME.

Hem! que dis-tu tout bas?

MARIN.

Que je vous trompe encor en scélérat insigne;
Oui, Monsieur, battez-moi, je ne m'en plaindrai pas;
Je ne m'en trouve que trop digne.
O pere malheureux! ô maraud que je suis!

DORAME.

Comment?

MARIN.

Oui, le pardon que vous avez promis,
Ne m'est pas dû.

DORAME.

Mais que veux-tu me dire?

Les forciers, j'en conviens, avoient fu me féduire;
Mais mon fils m'a remis...

MARIN.

Oui, je fais, tout l'argent...
En eufliez-vous perdu moitié !

DORAME.

Non pas, vraiment,
Quel diantre de fouhait !

MARIN.

Monfieur, quand de Valere
Vous faurez le fâcheux roman,
Vous trouverez cette perte légere.

DORAME.

Je ne te conçois pas.

MARIN.

Ce grand empreffement
Pour aller à Turin...

DORAME.

Vraiment je me rappelle
Que mon fils, en effet, me montra bien du zele.

MARIN.

Votre argent n'étoit pas ce qu'il alloit chercher;
Mais je fuis...

DORAME.

Où vas-tu?

MARIN.

Vous m'avez fu toucher,
Et je fens que j'allois pour vous trahir mon maître.

DORAME.

Je fuis auffi le tien.

MARIN.

D'accord.

DORAME.

Fais-moi connoître
Le fond de tout ceci, je l'exige, & le veux;
Parle, ou redoute ma colere.
Quel motif à Turin pouvoit porter Valere?

MARIN.

Il faut vous obéir; il étoit amoureux.

DORAME.

Enfuite.

MARIN.

Si c'étoit d'une honnête perfonne,
On diroit, paffe encor, là-deffus rien n'étonne,
Dans la jeuneffe, aimer, courir les champs,
Se laiffer enflammer par la brune & la blonde,
C'eft un travers auffi vieux que le monde;
Mais un choix réprouvé par les honnêtes gens...

DORAME.

Eh quoi! mon fils, qu'on me vantoit fans ceffe...

MARIN.

Ne croyez pas facilement,
C'eſt le foible de la vieilleſſe,
Que ce mot eſt bien dit ! quel Auteur excellent
Nous a laiſſé cette ſentence ?
Vous avez, par malheur, un peu de confiance ;
C'eſt là votre défaut.

DORAME.

Eh ! qui n'auroit pas cru,
Que de mon fils je n'avois rien à craindre ?

MARIN.

J'en conviens, la jeuneſſe a trop bien l'art de feindre,
Elle ſait ſe cacher ſous un maſque ingénu.

DORAME.

Mais quel objet encor ?

VALERE.

Monſieur, avez-vous vu
Quelquefois de jeunes merveilles,
Qui triomphent du cœur en charmant les oreilles,
Et qui de l'Italie arrivent tout-exprès ?

DORAME.

Comment ? une ſimple chanteuſe.

MARIN.

C'eſt toi qui l'a nommée. O funeſtes attraits!
O Syrene trop dangereuſe !

DORAME.

Voilà ce fage enfin dont tu fus le mentor.

MARIN.

C'eft depuis peu de tems qu'il a pris fon effor ;
Et puis comment géner là-deffus la jeuneffe ?
Ce n'eft plus même une foibleffe,
C'eft le bon air du tems : nous naiffons ici-bas
Pour imiter ce que nous voyons faire ;
Quand l'exemple eft pervers, & que tout dégénere,
Comment empêcher les faux pas ?
Il apprend que l'objet funefte
De fon amour, eft parti pour Turin ;
Et voilà votre fils dans le plus noir chagrin ;
Vous propofez...

DORAME.

Ah ! je vois tout le refte.

MARIN.

Lorfque l'on vous a mis fur la route du vrai,
Vous devinez ce qui fuit à merveille.
Il ne retrouve point fa beauté fans pareille,
Nous revenons après quelque délai ;
Alors pour découvrir la Signora qu'il aime,
Et pour être en argent comptant,
Il imagine un conte extravagant,
Qu'il veut que je faffe moi-même.

DORAME.

Le coquin ! Cependant Marin, il m'a rendu...

MARIN.

C'eſt que, ſur de faux bruits, un moment il a cru
La virtuoſe une infidele.
Et dans l'heureux tranſport de ſa douleur mortelle,
De vous rendre le tout il s'eſt vîte hâté.

DORAME.

Oh ! l'heureuſe infidélité !

MARIN.

Point du tout, il reçoit un billet de la belle,
L'amour revient, elle paroît fidele ;
Et je gage à préſent que vous vous doutez bien
Que ſa triſteſſe & ſon maintien
Ne peuvent pas avoir une autre ſource,
Que le chagrin d'avoir vuidé ſa bourſe ?

DORAME.

Oui, voilà ce que c'eſt ; mais que faire, Marin ?

MARIN.

Contre un ſemblable libertin,
Un pere imprudent & peu ſage
Fulmineroit, & dans ſa rage,
Peut-être auroit recours à quelque ordre inhumain,
Et mettroit ſon coquin en cage ;

Au lieu de recourir à des moyens plus doux,
Dignes d'un pere tel que vous.

D A M I S.

Mais quel moyen?

M A R I N.

D'abord, je me mettrois en tête
De découvrir une perfonne honnête,
Jeune, jolie.

D O R A M E.

Et je l'épouferois.
Ma foi, c'eft penfer à merveille.

M A R I N.

(*bas.*)Le vieux fou ! Ce n'eft pas ce que je vous confeille,
C'eft pour mon fils que je la chercherois,
Et puis toujours maîtrifant ma colere,
Me poffédant en refpectable pere ;
Je lui dirois : Monfieur, époufez à l'inftant
Cette jeune aimable perfonne,
Parce que je le veux, parce que je l'ordonne,
Que je fuis votre pere, & qu'un retardement
Pourroit trop m'échauffer la bile ;
Vous n'aurez pas plutôt pris ce ton avec lui,
Que vous le trouverez docile ;
Et puis enfuite, Dieu-merci,
Il ne fera pas difficile

A ſa jeune moitié, de lui faire oublier
Le vil objet d'un amour ſingulier.

DORAME.

Où la trouver?

MARIN.

Si l'on veut, ici méme.

DORAME.

La niece de Chryſalde ! ah ! volontiers, je l'aime,
Elle a, Marin, de certains yeux...

MARIN.

Cherchons ailleurs, & ſi vous trouvez mieux...

DORAME.

Non, je vais de ce pas...

MARIN.

Attendez donc, peut-être
Y pourrez-vous trouver quelque difficulté.

DORAME.

Je l'oubliois, en vérité,
Elle épouſe Damis, cet ami de ton maître ;
J'ai ſigné le contrat...

MARIN.

Eh non !
C'eſt une ſœur du même nom

Qu'époufera Damis ; mais c'eft que la Julie,
    Qui vous a paru fi jolie,
    Eft auffi promife à quelqu'un ;
    Un imbécile, un importun ,
    Dont on voudroit bien fe défaire ;
Mais muni d'un dédit, & qui peut chicaner.
A moins de le payer.

DAMIS.

Moi, je n'en veux rien faire.

MARIN.

Ce n'eft que mille écus.

DORAME.

Oh ! vas te promener.

MARIN.

Tout comme il vous plaira. Vous faites bien, fans doute,
Eft-ce un fi grand malheur, qu'un fils un peu vaurien ?
Il fera comme un autre, il fuit la grande route ,
Avec fort peu d'honneur il mangera fon bien ;
Mais pour le fupporter vous aurez des modeles.
N'y penfons plus, Monfieur, parlons de bagatelles.

DORAME.

Ah ! tu me fais frémir ; mais mille écus, Marin.

MARIN.

Oui, c'eft beaucoup d'argent, & j'en parle à mon aife.

On conseille fort bien de donner mille écus ;
Mais les donner, cela change la thèse :
Allons, Monsieur, n'y pensons plus.
Cependant ce matin, d'une plus forte somme
Vous vous croyiez privé. Mille écus à notre homme,
Vous laisseront encor sept mille francs de bon ;
Ce que j'en dis, au reste, est conversation...
Oui, vous avez raison, parlons de bagatelles.

DORAME.

Mon fils, si jeune encor ?

MARIN.

Oui, de jeunes cervelles,
Oubliant tous leurs droits, achetant leurs plaisirs,
Imitent ces barbons qui, les mains toujours pleines,
A des beautés, pour eux seuls inhumaines,
Ne font qu'à force d'or agréer leurs desirs.

DORAME.

Je sens, Marin, qu'il faut se rendre,
Et vois avec effroi la ruine d'un fils.
Et ton homme au dédit, où pourrons-nous le prendre ?
Je veux finir dès ce jour.

MARIN, (*bas.*)

Ah ! j'y suis.
Si vous croyez, après ma confidence,
Que je puisse avoir droit à votre confiance...

DORAME.

Tu la mérites, j'y foufcris,
Voilà précifément la fomme ;
Obtiens le dédit de cet homme,
Tandis que moi , dans ce logis,
J'irai m'affurer de Julie.

MARIN.

J'aurai fait dans l'inftant ; mais, Monfieur, je vous prie,
Souvenez-vous de votre autorité,
Avec Valere ayez beaucoup de fermeté.

DORAME.

De tes confeils je ferai bon ufage.

MARIN.

Réfifte-t-il ? Défhérité.
(*bas.*) Pour moi felon notre traité,
Je vais avec Pataut confommer mon partage.

SCENE IV.

DORAME, CHRYSALDE.

DORAME, *à la porte de Chryfalde.*

Hola quelqu'un ?

CHRYSALDE.

Ah ! mon voifin, c'eft vous,
Vous plairoit-il ?...

DORAME.

Non, je vous en supplie,
Sans préambule, expliquons-nous.

CHRYSALDE.

Très-volontiers.

DORAME.

Je viens vous demander Julie.

CHRYSALDE.

Pour vous?

DORAME.

Je le voudrois; mais non, c'est pour mon fils,
J'ai vu votre pupille, elle est pour moi d'un prix
A me faire envier d'être au moins son beau-pere.
Mon fils est jeune, il se nomme Valere,
Vous le verrez, sa figure est très-bien,
Et si vous connoissez mon bien...

CHRYSALDE.

Ce n'est pas là ce qui m'arrête.

DORAME.

Je sais, je sais, un dédit, n'est-ce pas?
Oh! là-dessus j'ai ma réponse prête,
En vous l'offrant, on va vous tirer d'embarras.
Tenez, voici Marin, je gagerois ma tête
Qu'il revient avec le dédit.

SCENE V.

MARIN, LES MÊMES.

MARIN.

Je jouois de bonheur, à notre porte même
J'ai rencontré l'homme dont il s'agit ;
Mais je n'ai pas voulu qu'il terminât lui-même.

CHRYSALDE.

Oh ! le fot homme, avec fa furdité !

MARIN.

C'eſt ce que je penſois, auſſi l'ai-je arrêté ;
Nous avons fait notre troc dans la rue,
Il a pris notre argent, & voici le papier.

DORAME.

(*à Marin.*)   C'eſt de ta part, fort bien négocier ;
(*à Chryſalde.*) Tenez, Monſieur, notre affaire eſt conclue.
Il ne faut plus que mon fils à préſent...

MARIN.

Je viens de lui parler, il arrive à l'inſtant.

DORAME.

A merveille, Chryſalde, allez chercher Julie,

Nous

Nous les marierons fur le champ ;
Allez vîte , je vous en prie.

CHRYSALDE.

Vous n'attendrez, mon voifin, qu'un moment.

***

SCENE VI.

DORAME, MARIN.

DORAME.

Tout réuffit parfaitement,
Et ton maître feul m'inquiete ;
S'il alloit s'oppofer à ce que je projete.

MARIN.

Commandez.

DORAME.

Tu verras comme je m'y prendrai.

MARIN.

Il eft loin de prévoir que tout eft préparé
Pour conclure fon mariage ;
Le Notaire voifin, chez qui je fuis entré,
Fait le contrat, & va venir, je gage.

DORAME.

Oh ! le brave garçon !

MARIN.

M'en fuis-je bien tiré ?
Sais-je mener comme il faut une intrigue ?
En vain contre moi tout fe ligue,
Je ne vois jamais rien qui foit défefpéré.

DORAME.

De ma reconnoiffance auffi fois affuré.

MARIN.

Que dites-vous ? Point de reconnoiffance.
Si je vous ai fervi, je fuis payé d'avance,
Et j'ai, Monfieur, ce que j'ai defiré :
Mais, voici votre fils.

SCENE VII.

VALERE, DORAME, MARIN.

DORAME.

Approchez-vous, Valere,

MARIN, (*à Dorame.*)

Point d'explication.

DORAME.

Je vais vous marier,
N'allez pas, s'il vous plaît, vous faire trop prier.

VALERE.

Eh quoi ! fi-tôt ?

MARIN, *(à Dorame.)*

Mettez-vous en colere.

DORAME.

Qu'eft-ce à dire fi-tôt , Valere ?

C'eft à vous d'obéir lorfque j'ai projeté.
J'ai droit de commander en qualité de pere ,
Qu'on refpecte ma volonté.

MARIN.

Bravo !

DORAME.

Comment ? j'aurois eu la bonté
De vous trouver une fille charmante ,
Et vous feriez quelque difficulté.
Vous demandez du tems.

MARIN.

Priere extravagante.

DORAME.

Oh ! qu'il refufe , & nous verrons beau jeu.

MARIN, *(à Dorame.)*

Allons encor, quelque phrafe éloquente...

DORAME.

Si tu dis non, par la morbleu !
Mais la voici, cette aimable pupille.

SCENE VIII & derniere.

LES MÊMES, LES DEUX JULIES, DAMIS,

CHRYSALDE, UN NOTAIRE.

DORAME.

Venez la belle, & donnez-moi la main,
Et vous, Monſieur le libertin,
Oſez faire le difficile...

MARIN.

Bon, le Notaire vient au moment déciſif.

DORAME.

C'eſt Monſieur Minutin, il eſt expéditif.

MINUTIN.

Voilà votre contrat.

DORAME.

Tenez, ſignez Valere ;
Point de délai, point de façons...

VALERE.

Mon pere...

DORAME, (*à Damis.*)

Mon cher Damis, contraignez votre ami...

DAMIS.

Il vous obéira, j'efpere.

JULIE cadette.

Je voudrois voir que non. Un fils fe refufer
  A la puiffance paternelle?
  Ah! qu'elle audace criminelle!
(*Au Notaire.*)   (*à Valere.*)
Donnez-moi cette plume. Ofez vous oppofer
  A ce qu'on veut. Çà, de par votre pere,
  Et de par moi, fignez, Monfieur, fignez.
       (*Valere figne.*)

DORAME.

Ah! que vous êtes bonne!

MARIN.

    Et voilà la maniere
De triompher des obftinés.

DORAME.

Signez víte, voifin, & vous, belle Julie,
Vous charmerez mon fils, oui, fa mélancolie
Paroît déjà céder à vos appas.

VALERE.

Je l'adorois, mon pere ; il ne faut pas
Vous abufer fur ce point davantage.

DORAME.

Et la chanteufe de Turin ?

MARIN.

Chimere, fable de Marin
Qui vous a fait conclure un très-bon mariage ;
Il en attend votre remerciment.

JULIE cadette.

C'eft la premiere fois, je gage,
Qu'on vous trompe à votre avantage.
Oubliez tout en ce moment.

MARIN.

Et pour préfent de nôce accordez-moi ma grace.

DORAME.

Le fcélérat ! deux fois le même jour ?
Mais, Julie, il n'eft rien que pour vous je ne faffe.
Mon fils, ma fille, allons couronner votre amour.

MARIN.

Je fais, dans le fiecle ou nous fommes,
Qu'on raffine fur l'art de mieux tromper les hommes ;
Mais à quoi bon y mettre tant d'efprit ?
Étudiez leur foible , & tout eft dit.

F I N.

APPROBATION.

J'AI lu, par ordre de Monseigneur le Garde des Sceaux, les *Pieces de Théatre* de *M. BRET*, & je n'y ai rien trouvé qui m'ait paru devoir en empêcher l'impression. A Paris, ce 8 Août 1777.

SAURIN.

PRIVILEGE DU ROI.

LOUIS, PAR LA GRACE DE DIEU, ROI DE FRANCE ET DE NAVARRE : A nos amés & féaux Confeillers, les Gens, tenans nos Cours de Parlement, Maîtres des Requêtes ordinaires de notre Hôtel, Grand-Confeil, Prévôt de Paris, Baillifs, Sénéchaux, leurs Lieutenans Civils & autres nos Jufticiers qu'il appartiendra : SALUT. Notre amé le Sieur BRET, Cenfeur Royal, Nous a fait expofer qu'il defireroit faire imprimer, & donner au Public fes *Pieces de Théatre* ; s'il Nous plaifoît lui accorder nos Lettres de Privilége pour ce néceffaires. A CES CAUSES, voulant favorablement traiter l'Expofant, Nous lui avons permis & permettons par ces Préfentes, de faire imprimer ledit Ouvrage autant de fois que bon lui femblera, & de le vendre, faire vendre & débiter par tout notre Royaume. Voulons qu'il jouiffe de l'effet du préfent Privilége pour lui & fes hoirs à perpétuité, pourvu qu'il ne le rétrocede à perfonne, & fi cependant il jugeoit à propos d'en faire une ceffion, l'Acte qui la contiendra fera enrégiftré en la Chambre Syndicale de Paris, à peine de nullité tant du Privilége que de la ceffion, & alors par le fait feul de la ceffion enrégiftrée, la durée du préfent Privilége fera réduite à celle de la vie de l'expofant ou à celle de dix années à compter de ce jour, fi l'Expofant décede avant l'expiration des dix années. Le tout conformément aux articles IV & V de l'Arrêt du Confeil du trente Août mil fept cent foixante-dix-fept, portant réglement fur la durée des Priviléges en Librairie. FAISONS défenfes à tous Imprimeurs, Libraires, & autres perfonnes de quelque qualité & condition qu'elles foient, d'en introduire d'impreffion étrangere dans aucun lieu de notre obéiffance : comme auffi, d'imprimer ou faire imprimer, vendre, faire vendre, débiter, ni contrefaire ledit Ouvrage, fous quelque prétexte que ce puiffe être, fans la Permiffion expreffe, & par écrit dudit Expofant, ou de celui qui le repréfentera, à peine de faifie & confifcation des Exemplaires

contrefaits & de fix mille livres d'amende , qui ne pourra être
modérée pour la premiere fois , de pareille amende & déchéance
d'état en cas de récidive , & tous dépens, dommages & intérêts ; conformément à l'Arrêt du Conseil du trente Août mil fept cent foixante-
dix-fept, concernant les contrefaçons. A la charge que ces Préfentes
feront enrégiftrées tout au long fur le régiftre de la Communauté
des Imprimeurs & Libraires de Paris, dans trois mois de la date
dicelle ; que l'impreffion dudit Ouvrage fera faite dans notre
Royaume & non ailleurs , en beau papier & beaux caracteres, conformément aux Réglemens de la Librairie , à peine de déchéance du
préfent Privilege : qu'avant de les expofer en vente le manufcrit qui
aura fervi de copie à l'impreffion dudit Ouvrage, fera remis dans le
même état où l'Approbation y aura été donnée ès mains de notre très-
cher & féal Chevalier Garde des Sceaux de France , le fieur HUE DE
MIROMENIL , qu'il en fera enfuite remis deux Exemplaires dans notre
Bibliotheque publique , un dans celle de notre Château du Louvre,
& un dans celle de notre très-cher & féal Chevalier Chancelier de
France , le fieur DE MAUPEOU , & un dans celle dudit Sr HUE
DE MIROMENIL ; le tout à peine de nullité des Préfentes : DU CON-
TENU defquelles vous MANDONS & enjoignons de faire jouir ledit
Expofant , & fes ayans caufes , pleinement & paifiblement, fans
fouffrir qu'il leur foit fait aucun trouble ou empêchement. VOULONS
que la Copie des Préfentes , qui fera imprimée tout au long au com-
mencement ou à la fin dudit Ouvrage , foit tenue pour duement figni-
fiée , & qu'aux Copies collationnées par l'un de nos amés & féaux
Confeillers Sécretaires , foi foit ajoutée comme à l'original. COM-
MANDONS au premier notre Huiffier & Sergent fur ce requis,
de faire pour l'exécution d'icelles , tous actes requis & néceffaires ,
fans demander autre permiffion , & nonobftant clameur de haro,
charte normande & lettres à ce contraires : Car tel eft notre
plaifir. DONNÉ à Paris le huitieme jour du mois d'Avril , l'an de
Grace mil fept cent foixante-dix-huit , & de notre Regne le qua-
trieme. PAR LE ROI EN SON CONSEIL.

LEBEGUE.

*Regiftré fur le Regiftre XX , de la Chambre Royale & Syndicale
des Libraires & Imprimeurs de Paris , n°. 969 , fol. 528 , conformément aux difpofitions énoncées dans le préfent Privilege ; & à la
charge de remettre à ladite Chambre huit Exemplaires prefcrits par
l'article 108 du Réglement. de 1723. A Paris , ce 24 Avril 1778.*

GOGUÉ, *Adjoint.*

www.ingramcontent.com/pod-product-compliance
Ingram Content Group UK Ltd.
Pitfield, Milton Keynes, MK11 3LW, UK
UKHW031834170726
13836UKWH00004B/1680